«Nadie recuerda cuándo ni por qué se celebró la primera reunión, pero seguro que unos opinan que fue demasiado larga, otros que estuvo mal organizada, unos cuantos dicen que fue aburrida y a otros les decepcionó el resultado.»

Soft Skills

GESTIONAR
REUNIONES

24 lecciones para construir
reuniones productivas

BARBARA J. STREIBEL

PROFIT
editorial

«La capacidad de dirigir bien una reunión (...) tal vez sea la habilidad más importante para el éxito profesional.

(...)

Muchos profesionales (...) no se dan cuenta del enorme impacto que las reuniones tienen en su empresa y en sus vidas profesionales.»

—George David Kieffer,
The Strategy of Meetings

La edición original de esta obra ha sido publicada en lengua inglesa por The McGraw-Hill Companies, Inc., Nueva York con el título: *Plan and Conduct Effective Meeting. 24 Steps to Generate Meaningful Results* 2003.

Diseño de cubierta: XicArt
Maquetación: www.freiredisseny.com

ISBN: 979-13-87796-05-1
Depósito legal: B 7378-2025
Primera edición: Enero de 2026

Impresión: Gráficas Rey
Impreso en España / *Printed in Spain*

Índice

«Quien no se prepara, se
prepara para fracasar.»

—Benjamin Franklin

ICONOS USADOS EN ESTE LIBRO

 Listas. Con la información sintetizada y ordenada.

 Sugerencias, ideas ... Al final de cada capítulo se proponen tres.

 Este icono señala en el texto un ejercicio o práctica.

 Propuestas para agilizar los procesos y ganar tiempo.

 Propuestas de acción que pueden resolver problemas.

 Herramientas para mejorar sus habilidades.

 Historias o anécdotas que pueden ayudar a entender lo explicado.

Conseguir reuniones productivas

Todas las reuniones tienen un coste y requieren una inversión, tanto de tiempo como de dinero. Considere este breve libro una pequeña inversión para rentabilizar al máximo su tiempo y el de los demás asistentes a la reunión. Una reunión bien planificada y dirigida puede ayudarlos a usted y a sus trabajadores a mejorar la eficacia y a trabajar más coordinados.

Si sigue los principios básicos y las orientaciones que le proporcionamos en este libro, no tardará en apreciar mejoras en las reuniones. En lugar de perder el tiempo, usted y sus trabajadores mejorarán los resultados de las reuniones.

A lo largo de todo el libro, nos referiremos al término "**reunión**" como *un acontecimiento formado por personas, con un contenido y con un procedimiento cuya finalidad es lograr un objetivo*. Una reunión es básicamente un trabajo colaborativo. Eso hace que la palabra "reunión" admita tantas posibles interpretaciones como la palabra "trabajo".

Esta guía está orientada a directores que organicen y participen en reuniones, de todo tipo: reuniones con trabajadores o reuniones con otros directores y trabajadores, o incluso reuniones con personas externas a la empresa. Sabemos que la realidad es variada, pero en este texto hablaremos de las reuniones en términos generales, buscando siempre elementos comunes para todas o la mayoría. Además, utilizaremos la palabra "participantes" para referirnos a las personas que participan en una reunión. Este término sugiere una contribución activa, pues estamos convencidos de que las personas convocadas a una reunión deberían implicarse y participar, en vez de limitarse a ser espectadores.

Este libro le guiará paso a paso a lo largo del proceso de una reunión, desde el inicio hasta el final, y el trabajo que genera después. Le mostrará los efectos de las reuniones mal dirigidas, los factores que pueden entorpecer una reunión y las características de las reuniones eficaces. En un apartado, trabaja la preparación de las reuniones; en otro, explica cómo iniciar una reunión, establecer unas reglas y asignar funciones y responsabilidades. En todas las lecciones, ofrece orientaciones y sugerencias para dirigir una reunión y comenta los problemas más habituales que pueden surgir. Explica también cómo finalizar una reunión y realizar el seguimiento de los resultados. Recomienda una serie de actividades que pueden ayudar a los participantes a trabajar con más eficacia y eficiencia. En el último apartado, trata el uso de la tecnología en las reuniones y los problemas de las reuniones virtuales.

01

—

Utilizar las reuniones con inteligencia

■-■-■-■-■-■-■-■-■-■-■-■-■-■-■-■-■-■

«Las reuniones son importantes
porque en ellas se perpetúa la
cultura de la empresa.
Las reuniones hacen que los
asistentes
se sientan parte de la empresa.
(...) Las reuniones improductivas
son una fuente de mensajes
negativos sobre la empresa
o nosotros mismos.»

■-■-■-■-■-■-■-■-■-■-■-■-■-■-■-■-■-■

—WILLIAM R. DANIELS, *asesor sénior de American
Consulting and Training (San Rafael, California)*

Si los directores no utilizan las reuniones de forma eficaz, las consecuencias negativas afectarán a todos, tanto a los directores, como a los trabajadores y a la empresa. Algunas preguntas le pueden ayudar a hacerse una idea.

¿Qué consecuencias tiene no aprovechar al máximo el tiempo y la energía de sus trabajadores y el suyo? ¿Qué consecuencias tiene mostrar debilidad en la gestión de recursos humanos, la gestión del tiempo y la gestión de recursos? ¿Cómo afecta a su vida profesional? ¿Cómo afecta a la moral de los empleados pensar que están perdiendo tiempo y energías en reuniones en lugar de dedicarse al "trabajo de verdad"? ¿Cómo afecta al entorno de trabajo ver que los responsables no están comprometidos con el trabajo eficaz?

Las reuniones mal dirigidas son una pérdida de tiempo, de talento y de otros recursos. Las reuniones echadas a perder afectan al ambiente y a la cultura de la empresa. Si esta impresión se transmite al exterior, puede dar una imagen negativa de la empresa. La consecuencia está clara: una mala dirección tiene malas consecuencias.

¿Cuáles son las ventajas de las reuniones efectivas?

Las reuniones efectivas pueden servir para todas estas finalidades:

- Compartir información —y aprender de sus trabajadores— en un entorno que permita e incluso fomente la interacción.
- Responder a las preguntas.
- Plantear preguntas.
- Hablar de temas importantes y tomar decisiones en grupo.
- Dirigir y coordinar los esfuerzos individuales y conjuntos de los trabajadores.

- Ayudar a los trabajadores a desarrollar el espíritu crítico.
- Conocer y aprender de las experiencias de sus trabajadores o de otras personas.
- Animar a los trabajadores a plantear preguntas e identificar problemas.
- Ver otras perspectivas de una misma cuestión.
- Observar la interacción entre los trabajadores.
- Ayudar a los trabajadores a mejorar el trabajo en equipo.
- Mostrar y desarrollar sus capacidades de gestión.
- Crear un sentido de comunidad.

Con estas primeras **tres recomendaciones**, empezará a utilizar las reuniones de manera más eficaz:

→ **Analice los costes y los beneficios de las reuniones:** contemple los costes de tiempo y energía, moral, actitud en el trabajo y el efecto de las reuniones en usted mismo y en su vida profesional. ¿Cuáles son los beneficios?

→ **Considere que la reunión es como el trabajo:** transmita la idea de que la reunión es como cualquier otra actividad esencial del trabajo. Los participantes deben llegar preparados, saber qué se espera de ellos y contribuir en todo lo que puedan.

→ **Haga que sean impecables:** las reuniones pueden transmitir energía a los participantes, promover el trabajo en equipo y generar resultados extraordinarios. Si no se dirigen bien, pueden desperdiciar el tiempo y el dinero y causar problemas graves. Comprométase a leer este libro y a poner en práctica sus orientaciones y recomendaciones.

—

02

—

Decidir si la reunión es necesaria

«Es así de sencillo:
cuando no es necesario
celebrar una reunión,
es necesario no celebrar
la reunión.»

《¿Es necesaria la reunión para lograr mis objetivos? Esta es la primera pregunta que debe plantearse. A continuación, plantéese otras preguntas como:

- ¿Qué quiero?
- ¿Qué resultado busco?
- ¿Cuál es el mejor modo para conseguirlo?
- ¿Quién es imprescindible?

Si no tiene un objetivo, no es necesario celebrar una reunión. ¿Es necesario reunirse para lograr su objetivo? ¿Necesita implicar a otras personas? En este caso, ¿cómo lo hará?

Las reuniones pueden ser **participativas** (requieren las aportaciones de otras personas) y **no participativas** (la comunicación es unívoca, tanto desde la perspectiva de la información como de la motivación).

Si su objetivo es informar, piense en otras alternativas para enviar la información a las personas adecuadas. Si necesita convocar una reunión, intente que sea breve e interesante, pues una persona que habla sola no es una reunión.

Si su objetivo es motivar, empiece a planificarla. También tiene que ser breve. La inspiración se aprovecha mejor en pequeñas dosis.

Si la reunión es participativa, reflexione sobre los métodos que utilizará y las personas a quienes convocará. (En los siguientes capítulos trataremos estas cuestiones.) ¿Son recomendables las reuniones regulares? Estas suelen convertirse en rutinarias y los participantes pierden el interés por el objetivo y la oportunidad que les hace sentirse importantes. En los casos en que no es así, trabaja más y el beneficio es menor.

¿La reunión es para compartir información, hacer informes y comentar actualizaciones? En estos casos, intente sustituirlas o reducirlas con correos electrónicos, circulares o reuniones virtuales.

Antes de convocar una reunión, siga estas **tres recomendaciones**:

→ **Justifique la reunión:** si las reuniones no son obligatorias por cuestiones de política de empresa u órdenes de los superiores, establezca usted mismo esta regla. La pregunta básica es: "¿Cuál es el objetivo de la reunión?".

→ **Evite las reuniones rutinarias:** si la respuesta a la pregunta "¿Por qué nos reunimos?" es "Porque siempre nos reunimos el lunes por la mañana" o "Porque hace un mes que no nos reunimos", reflexione. Estas respuestas no son motivo suficiente para convocar una reunión. Este modo de actuar comporta reuniones mediocres porque no estimula ni inspira a nadie a preparárselas.

→ **Piense más allá del objetivo:** algunas veces el objetivo no justifica la reunión, pero en ciertas ocasiones puede bastar. Por ejemplo, en las empresas cuyos trabajadores tienen un alto grado de autonomía es recomendable celebrar reuniones para compartir información y debatir los temas que aporten seguridad a los trabajadores y mejoren su predisposición.

03

___

Fijar objetivos y decidir los medios

————————————————————————————

"Si no tiene un motivo
suficiente para convocar la
reunión, ninguna planificación
le compensará. La
consecuencia será una pérdida
de tiempo y energía bien
planificada.
Como decía el economista
John Maynard Keynes,
'Si algo no vale la pena, no vale
la pena hacerlo bien.'"

————————————————————————————

Si ya tiene el objetivo de la reunión, defina las expectativas con respecto a esta y el modo en que quiere lograrlas.

- ¿Qué resultado busca?
- ¿Cuál es el mejor modo para conseguirlo?

Establezca los objetivos y defina sus expectativas. ¿Cuáles son los resultados que harán que la reunión sea un éxito?

Elija el enfoque adecuado para cada objetivo. Puede seguir las recomendaciones de Michael Begeman, director de 3M Meeting Network:

- "Conversar para encontrar **posibilidades**": maximizar la creatividad y generar ideas.
- "Conversar para encontrar **oportunidades**": seleccionar entre varias opciones hablando, compartiendo información, analizando y posicionándose.
- "Conversar para **actuar**": tomar decisiones y comprometerse a cumplirlas.

Comunique su propósito (finalidad, objetivo y enfoque) en el orden del día. Durante la reunión, refuerce la idea de "conversar". Si los participantes no comprenden los motivos ni sus expectativas, es posible que trabajen en diferentes direcciones y por diferentes motivos.

En los tres tipos de "conversaciones" es esencial la información. Nombre a una persona encargada de proporcionar la información de cada punto del orden del día y escríbalo en este.

La información se puede proporcionar antes de la reunión (distribuirla con el orden del día) o durante de esta (con una exposición, comentarios breves o en los ruegos y preguntas). El método depende del tipo y la cantidad de información que los participantes necesiten para tomar una decisión, por ejemplo.

Estos son tres ejemplos de conversaciones y sugerencias para comunicar sus expectativas a los trabajadores:

→ **Comunique "posibilidad":** si el propósito de la reunión es generar ideas, verbalícelo. Si se limita a anotar en el orden del día "comentar ideas", unos participantes esperarán una tormenta de ideas, otros un debate y otro una votación.

→ **Comunique "oportunidad":** si el propósito de la reunión es identificar alternativas para un proceso de trabajo actual, dígalo. Si en el orden del día solo ha anotado "considerar opciones", unos participantes esperarán una votación rápida y otros un agitado debate.

→ **Comunique "acción":** si el propósito de la reunión es votar tres propuestas, explíquelo. Si en el orden del día solo aparece "analizar propuestas", unos participantes querrán plantear sus propias propuestas, otros estudiarlas y otros tomar una decisión y pasar a otra cuestión.

04

—

Escoger el tipo de decisión

«A veces el método de tomar la decisión en una reunión es tan importante como la decisión en sí misma.»

El proceso de toma de decisiones afecta a las personas que están en la reunión. Si quiere que los trabajadores estén satisfechos con las decisiones y se comprometan a ponerlas en práctica, piense en el proceso de la toma de decisiones y escríbalo en el orden del día.

Los **cuatro tipos** de decisiones son:

1. **Decisión del director.** A veces, la opción más adecuada, y más eficiente es que tome la decisión usted mismo. Si la convierte en un punto del orden del día, especifique que la única finalidad es comentarla, y que los participantes no tomarán la decisión.

2. **Decisión por votación de la mayoría o pluralidad.** Es la forma tradicional de tomar decisiones: por votación. Gana la mayoría.

3. **Decisión por consenso.** Este método es el desarrollo cooperativo de una decisión que sea aceptable para todos los miembros del grupo. El resultado es que todos están de acuerdo con la decisión. Sin duda, es el mejor modo de tomar decisiones en un equipo.

    Las ventajas del consenso son importantes, pues los participantes deciden por sí mismos (ningún superior ha tomado la decisión por ellos), no hay vencedores ni vencidos ni se deja de lado a ninguna parte del grupo (como sucede en las decisiones por mayoría).

    Por otro lado, el consenso también tiene desventajas que hacen que no sea el método más adecuado en algunas circunstancias. Lograr el consenso (o intentarlo) es lento, requiere tiempo. Para algunas personas incluso puede ser más difícil que votar, porque las personalidades y las dinámicas de grupo se mezclan con la decisión.

4. **Decisión por delegación.** La cuarta opción es dar a un grupo de personas la autoridad y responsabilidad suficientes para tomar la decisión.

Cuando mencione una decisión en el orden del día de la reunión, detalle si será "del director", "por votación", "por consenso" o "por delegación" para que los participantes estén sobre aviso.

 Le damos **tres sugerencias** para ayudarle a decidir el método más adecuado:

→ **Utilice la votación en los siguientes casos:** si el tiempo está limitado y las diferencias entre los participantes harían improbable lograr el consenso. Si es más importante seguir con la reunión que resolver las diferencias o si no es necesario que todos los participantes estén de acuerdo para poner en práctica la decisión.

→ **Utilice el consenso en los siguientes casos:** si las decisiones son importantes o tienen un gran impacto, si todos los participantes participan por igual en la decisión o son necesarios para llevarla a cabo o si el intercambio de ideas y perspectivas enriquecería a todos los participantes.

→ **Utilice la delegación en los siguientes casos:** si hay varias personas que están mejor calificadas para tomar la decisión o que son las únicas personas a quienes afectará.

05

Programar

«Una reunión interesante bien
vale una planificación
interesante.
Las buenas reuniones
empiezan mucho antes, con
una buena preparación.»

Programe el tiempo suficiente para lograr los objetivos que se ha marcado para la reunión. La **duración** de una reunión no debería superar la hora u hora y media. Si necesita más tiempo, programe pausas.

Asigne una **duración** a cada punto del orden del día, un inicio y un final concretos. Así ajustará la duración total de la reunión. Además, esto les muestra a los participantes que ha trabajado el orden del día con detalle y de forma eficiente. Si tiene una previsión más exacta de la reunión, podrá dirigirla con más confianza y estar mejor preparado para tomar el control.

Las actividades que requieren de participación, especialmente las de debate, creatividad o implicación emocional pueden ocupar mucho tiempo o, por el contrario, ninguno en absoluto. No puede prever la reacción de los participantes. A veces se producen sinergia, y en otras ocasiones surge un muro de la nada. Calcule más tiempo del necesario, sobre todo para las decisiones por consenso.

Intente estructurar el orden del día para no quedarse estancado en una actividad y distribúyalos de modo que no causen aburrimiento ni saturación a los participantes. Si hay una progresión lógica de los puntos del día, sígala; si no la hay, alterne un tema fácil con uno difícil, un tema largo con uno corto, un tema que requiera mucha energía con otro que sea más sencillo, un tema que requiera concentración con otro que sea más general, y los temas que hagan aflorar emociones con los más objetivos.

Después de distribuir los temas, planifique el final de la reunión: es decir, dedique de 5 o 10 minutos a resumir los puntos principales, las decisiones y las responsabilidades de cada uno y a analizar la reunión.

Cuando planifique la reunión, evite esos **tres puntos**:

→ **Evite la tiranía del 12 y el 6:** muchos directores establecen la duración de la reunión en una hora o media hora sencillamente porque es lo más habitual. Planifique la reunión para lograr sus objetivos, no para ajustarse al reloj.

→ **Evite la "ley de Parkinson":** fije una hora para el fin de la reunión. Recuerde la ley atribuida a Cyril Northcote Parkinson: "El trabajo se expande hasta llenar el tiempo disponible para que se termine".

→ **No empiece con minucias:** los directivos suelen empezar con anuncios en el orden del día. Es una estrategia pésima porque puede reducir el interés de los asistentes si los anuncios no afectan a todos los asistentes y rompe el sentido de comunidad, distrae a los asistentes y transmite el mensaje de que no es importante ser puntual porque los temas del principio no son importantes. Además, si empieza la reunión monopolizándola, será más difícil lograr que todos los asistentes participen.

06

Seleccionar y preparar

«La duración de la reunión es
igual al número
de personas presentes
elevado al cuadrado.»

—Eileen Shanahan

Convoque a la reunión exclusivamente a las personas necesarias para lograr sus objetivos. Repase la **lista de participantes** y plantéese esta pregunta para cada persona: "¿Cómo quiero que contribuya a la reunión?". Si no sabe qué responder, no la convoque. Si hay personas que solo es necesario que asistan a una parte de la reunión, convóquelas solo a esa parte.

Una reunión es un proyecto a muy corto plazo. ¿Cuál es el resultado que quiere? ¿Qué trabajadores o compañeros quiere que formen su equipo?

¿Quiere compartir información? Seguramente podría hacerlo mejor por correo electrónico o con una circular. Si los asistentes han tenido tiempo de leer la información, en la reunión plantean preguntas y trabajan la información. Si quiere motivarles, sea breve. Los mejores líderes lo consiguen con pocas palabras.

¿Quiere tomar decisiones? ¿Cómo? Si quiere realizar una votación, no necesita una reunión. Si quiere un debate, convoque a todo el mundo únicamente para plantear las opciones y votar. Si quiere obtener información o generar ideas, envíe un correo electrónico para descubrir quién está interesado en ayudarle.

Asigne cargos para las reuniones. Los cargos más habituales son los de mediador, organizador, cronometrador y secretario (que comentaremos más adelante en la página 45). Asegúrese de que las personas encargadas conocen su función.

Cuando decida la lista de convocados, calcule el coste por hora (compensación y beneficios) de todas esas personas y multiplique el total por la duración estimada en horas. ¿Cuánto costará la reunión? ¿Cuál es el resultado que espera?

Los beneficios de una reunión no pueden cuantificarse. De todos modos, si conoce el coste económico de una reunión, trabajará de forma más eficiente para lograr los resultados esperados.

 Le ofrecemos **tres recomendaciones** para seleccionar y preparar a los participantes:

→ **Solicite la información que necesita:** si pide a los participantes que preparen la información para la reunión, explíqueles qué espera de ellos (información general, un informe corto o una presentación completa), por qué los demás necesitan la información y de cuánto tiempo dispondrán. Sugiérales que envíen la información a los demás asistentes por escrito antes de la reunión.

→ **Presente la información por escrito:** no permita que presenten la información de manera verbal, si es más eficiente entregarla por escrito. ¿Es efectiva? ¿Es eficiente?

→ **Considere las repercusiones:** si convoca solo a las personas esenciales para la reunión, quedará fuera tanta gente que nadie se lo tomará como algo personal. En cambio, si convoca a personas que no son necesarias, se sentirá presionado para convocar a otros y no ofenderles.

 Utilice las dos páginas siguientes para reflexionar sobre todas las preguntas que se le van planteando. Descubrirá que tiene su propia manera de entender las cosas y la podrá ajustar a los patrones de eficacia propuestos.

¿Cuál es el resultado que quiere de una reunión?

¿Cómo y con quién considera que tiene que compartir la información?

¿De que manera quiere tomar las decisiones en la reunión?

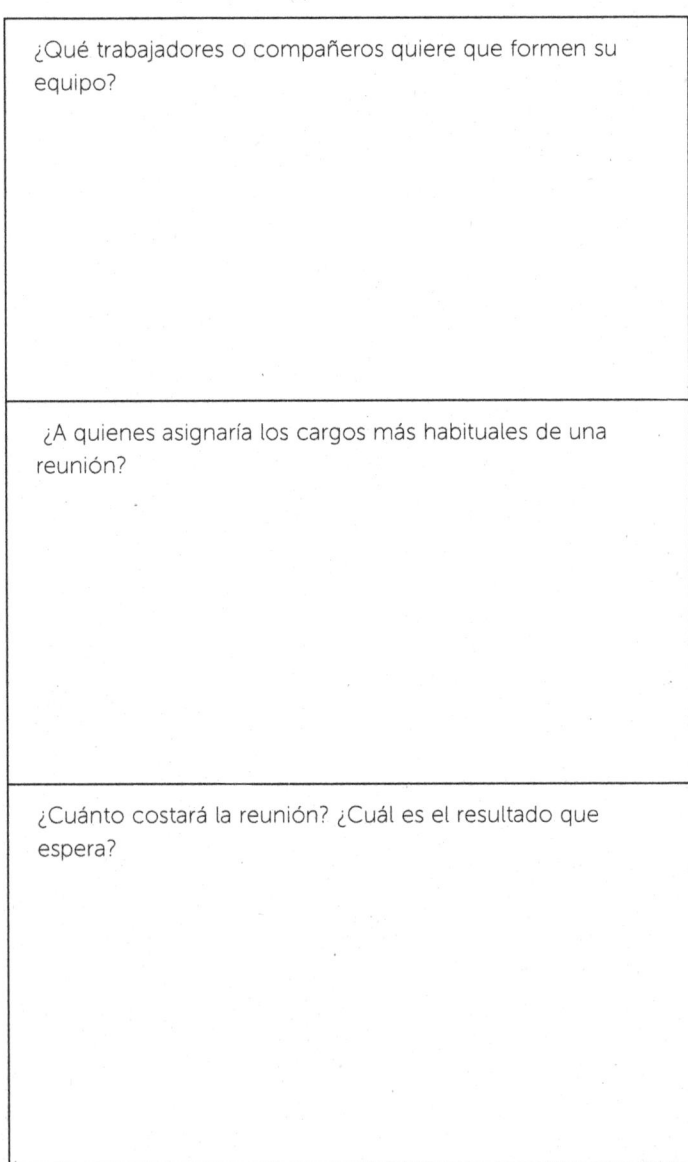

¿Qué trabajadores o compañeros quiere que formen su equipo?

¿A quienes asignaría los cargos más habituales de una reunión?

¿Cuánto costará la reunión? ¿Cuál es el resultado que espera?

07

——

Preparar el contexto

«Como dijo un director: 'Usted
se dirige a sus cerebros,
que no están separados del
resto del cuerpo'.
Para que el cerebro trabaje bien,
el resto del cuerpo tiene que
estar cómodo.»

¿En qué momento es más efectiva la reunión? Las opciones dependerán de los horarios de las personas convocadas. Si tiene varias posibilidades, tenga en cuenta los ritmos de los trabajadores y el lugar de trabajo.

¿Dónde es mejor celebrar la reunión? Tal vez no pueda elegir, pero si dispone de varias opciones, le ofrecemos algunas recomendaciones.

La **sala** debe tener capacidad suficiente para que las personas convocadas se encuentren cómodas y el moderador pueda desplazarse por la sala y el organizador tomar notas en la pizarra.

La sala debe contar con asientos adecuados para todos, pues la comodidad afecta significativamente a la dinámica y a los resultados de la reunión. Para favorecer la interacción, disponga las sillas en círculo, cuadrado o forma de U. De este modo, todos los participantes se verán las caras y se sentirán en igualdad de condiciones. Una mesa rectangular tiende a centrar la atención en los extremos. Si utiliza esta configuración, sitúe al secretario en un extremo.

La **iluminación** de la sala también es importante. Busque una sala con cortinas o persianas en las ventanas para evitar que la luz directa moleste o distraiga a los participantes. La temperatura debe ser agradable, y la ventilación, adecuada. Si necesita algún dispositivo especial (para pasar diapositivas, vídeo, audio uordenadores), debe prepararlo previamente, así como comprobar que dispone de los enchufes necesarios para que funcionen.

Cuando haya decidido el lugar donde celebrará la reunión, ya puede finalizar el orden del día. El formato no es tan importante como la organización y la estructura para lograr el objetivo deseado, los puntos que se tratarán (con detalle y lenguaje comprensible), la hora de inicio y de fin de cada punto y las personas encargadas de proporcionar información o dirigir cada parte de la reunión.

 He aquí son **tres sugerencias** para preparar bien una reunión:

→ **Fomente la preparación:** envíe el orden del día a los participantes con suficiente antelación como para que puedan preparase de la marca adecuada. Envíeles también el material necesario para preparar la reunión. Si quiere realizar actividades de participación, proporcione la información previa.

→ **Deje el orden del día a la vista:** puede colgarlo en la pizarra o mostrarlo en una transparencia o en diapositivas durante la reunión. Si el orden del día está a la vista, será más fácil para el moderador marcar el desarrollo de la reunión, pues con un simple gesto, los participantes verán que se están desviando del programa.

→ **Prepare, practique y téngalo todo listo:** prepare todo lo que necesite: notas, información, audiovisuales. Compruebe que todos los dispositivos que necesita funcionan. Tenga todos los materiales juntos para encontrar enseguida lo que necesita. (Es muy recomendable usar una lista de comprobación.)

08

Asignar funciones

«Reconozca el principio de la responsabilidad compartida. Tenemos que crear una nueva cultura en la que cada persona de la reunión tenga que participar para que esta funcione.»

—*Eli Mina*

Los participantes deberían compartir la responsabilidad de dirigir las reuniones. Es una buena estrategia para fomentar el sentimiento de comunidad y colaboración y ayudar a los trabajadores a desarrollar sus habilidades de liderazgo. Si comparte la responsabilidad, las reuniones también serán más fáciles para usted.

Las **cuatro funciones principales de una reunión** son:

El **moderador**. Dirige la reunión e indica a los participantes si están siguiendo correctamente el orden del día a un ritmo adecuado. También les anima a participar. Es una función que requiere liderazgo, comprensión rápida de la situación, tacto, sensibilidad, buenas dotes de comunicación y un poco de psicología.

El **organizador**. Anota las ideas, puntos y comentarios más importantes en la pizarra o en cualquier otro soporte que puedan ver los asistentes. El organizador es responsable de dejar un "recuerdo vivo" del progreso del grupo, anotar todas las ideas, puntos y comentarios con precisión y resumirlos en frases completas. Es la persona que tiene que preguntar si algo no queda suficientemente claro y que ayuda al moderador a dirigir la reunión.

El **cronometrador**. Supervisa la duración de la reunión y de cada punto del orden del día. Anuncia con antelación que falta poco tiempo para acabar un punto o, directamente, el tiempo que falta para tratar una cuestión. Cuando finaliza el tiempo, se lo indica al moderador. Es una función prescindible, pues el moderador o usted pueden encargarse de controlar el tiempo.

El **secretario**. Toma nota de toda la información importante de la reunión: las decisiones, las acciones, las cuestiones pendientes y los principales puntos de debate. Es responsable de redactar el acta y enviarla a los asistentes.

 Para utilizar con eficacia las funciones principales, siga estas **tres recomendaciones**:

→ **Varíe los cargos:** si siempre se reúne con las mismas personas, comparta las responsabilidades en función de sus capacidades e intereses. Si es posible, intente que todos los miembros pasen por todas las funciones. La rotación les ayuda a desarrollar sus habilidades.

→ **Intente no intervenir:** si un participante no lleva a cabo una función como usted o el grupo esperaban, utilice su criterio. Puede ser una buena solución sugerir que otro participante le ayude asumiendo alguna de sus responsabilidades. Sea concreto.

→ **Sea flexible con las funciones asignadas:** recuerde a las personas con estas funciones que su responsabilidad puede impedir que contribuyan a los debates o a otras actividades. Si algún participante con una función definida quiere participar más activamente en una actividad, asigne su función a otro miembro para que le sustituya.

09

Empezar bien

«Existe un componente social legítimo en las reuniones.
Es cierto que podríamos ser más eficientes en nuestro trabajo y dedicar más tiempo al 'trabajo real' que a la 'cháchara inútil', pero no olvidemos que los rituales de trabajo tienen un componente social, incluso las reuniones que son 'de negocios'.»

—Michael Begeman

Llegue unos minutos antes de la reunión al lugar previsto para distribuir el orden del día o dejarlo bien visible, o al menos los objetivos de la reunión. Intente dar la bienvenida a los asistentes cuando lleguen, es una manera de empezar a crear un clima de colaboración, entusiasmo y energía compartidos.

La reunión debe empezar con **puntualidad**. Si no hay motivos extraordinarios, retrasar el inicio de la reunión es una falta de respeto para las personas que han llegado puntuales y da la posibilidad de llegar tarde.

Es una buena idea empezar con un calentamiento, una ronda rápida de comentarios, preguntas, preocupaciones e información de todos los asistentes. Por ejemplo, si el moderador pide a los participantes que terminen la frase "Espero que en esta reunión...", dará lugar a la colaboración, centrará la atención en los participantes y creará un buen clima para la reunión.

El **éxito** de la reunión depende de la participación de todos los asistentes. Las reuniones son trabajo, y usted ha seleccionado a las personas indispensables. Cree el sentimiento de comunidad que le ayudará a compartir la responsabilidad de que la reunión sea un éxito.

Si los participantes ya han trabajado juntos en otras reuniones, el grupo ya tendrá algunas reglas básicas de comportamiento. Si no han definido las reglas básicas, en la siguiente lección le ayudamos a hacerlo. Compruebe que las reglas básicas se cumplen.

Tres sugerencias para enfrentarse a circunstancias concretas:

→ **Esté presente, aunque sea por delegación:** si no puede llegar a la reunión a tiempo, el moderador

debe empezar de todos modos. Usted ya ha distribuido el orden del día, ha preparado los materiales y
ha delegado las responsabilidades, así que no es
esencial. Como dice Kenneth Blanchard en Putting
the One-Minute Manager to Work, "como directivo,
lo importante no es qué sucede cuando usted está
presente sino qué sucede cuando no está presente".

→ **Minimice las ausencias:** si falta algún participante
encargado de un punto del orden del día, el moderador debe redistribuir el orden para minimizar la
ausencia y reprogramar ese punto para más adelante. En este caso, pida disculpas por las molestias a
los otros participantes.

→ **Empiece con las presentaciones:** si los participantes no se conocen entre sí, el moderador debe
empezar el calentamiento con las presentaciones.
Cada asistente puede dar su nombre, cargo, responsabilidades y motivo para asistir a la reunión. Si la
reunión empieza con las presentaciones, todos se
sentirán más cómodos.

10

Definir reglas básicas

«Para muchas situaciones que surgen durante una reunión, la mejor solución suelen ser las reglas básicas que el grupo ha definido.»

Las reglas básicas son acuerdos sobre el comportamiento que facilitan el respeto, la colaboración y la eficiencia sin impedir la espontaneidad y la creatividad. La mayoría de personas asisten a una reunión con unas expectativas concretas sobre el comportamiento. Si se definen unas reglas básicas, es más sencillo alcanzar un acuerdo sobre el comportamiento para cumplir las expectativas comunes.

Si no ha establecido **normas para la reunión**, éste debe ser el primer punto del orden del día. Es una buena inversión para promover la participación y crear el sentido de comunidad. Es recomendable que los participantes elaboren ellos mismos las reglas para que todos estén de acuerdo. Para empezar a definir las reglas, el moderador pregunta: "¿Qué reglas debemos seguir para aprovechar las reuniones al máximo?".

El debate que generan las reglas demuestra los valores y las emociones que pueden enfrentar a los participantes o unirles. El modo en que los miembros del grupo crean las reglas es un indicio de cómo trabajarán juntos.

El **moderador** debe ayudar a los participantes a hacer propuestas y orientarles a lo largo del proceso de decisión. Cada vez que se pongan de acuerdo sobre una regla, el organizador la escribirá en la pizarra. Después de la reunión, el organizador las recopilará y las imprimirá en un soporte que permita tenerlas a la vista en todas las reuniones.

Las cuestiones que suelen tratarse en las normas de grupos son:

- asistencia
- participación
- responsabilidades de cada función
- interrupciones
- respeto

- proceso de debate
- confidencialidad
- tareas
- métodos de evaluación de las reuniones
- incumplimientos repetitivos de las normas.

Si las normas son sencillas, será más fácil recordarlas y cumplirlas. Por otra parte, si el grupo no consigue ponerse de acuerdo en las normas básicas, será un precedente difícil para tomar decisiones sobre otras cuestiones. Los participantes podrían obsesionarse con las normas y olvidar la finalidad de la reunión.

Algunos grupos establecen sanciones por incumplir las normas. Siempre que sea posible, los miembros del grupo deben ser responsables de velar por su cumplimiento.

Tres consejos que debe evitar cuando establezca las normas:

→ **No cree normas para todo:** no existen normas para todos los problemas. Las normas deben ser lo más sencillas posibles. Si tiene muchas normas, será más fácil que los participantes se olviden de otras cosas importantes.

→ **No castigue con trabajo:** no permita que el grupo asigne tareas como castigo, pues el mensaje es que contribuir al esfuerzo del grupo es un castigo en lugar de una responsabilidad normal.

→ **No impida la democracia:** deje que los miembros decidan sus propias reglas. Confíeles esta responsabilidad para que asuman nuevos retos. Más adelante pueden modificarlas.

A continuación defina en una frase cada una de las cuestiones que suelen tratarse en las normas de grupos y su finalidad. Eso le permitirá memorizar mejor la lista y sabrá cómo explicar con más soltura sus intenciones en la misma reunión.

- asistencia

_____

_____

_____

- participación

_____

_____

_____

- responsabilidades de cada función

_____

_____

_____

- interrupciones

_____

_____

_____

- respeto

_____

_____

_____

- proceso de debate

  _____

  _____

  _____

- confidencialidad

  _____

  _____

  _____

- tareas

  _____

  _____

  _____

- métodos de evaluación de las reuniones

  _____

  _____

  _____

- incumplimientos repetitivos de las normas.

  _____

  _____

  _____

11

Dirigir la reunión

«Hay dos tipos de conductores: el que conduce un tren por la vía y el que dirige todos los instrumentos de una orquesta. Cuando dirige una reunión, el moderador debe hacer las dos funciones: seguir el programa marcado y ayudar a todos los participantes a trabajar juntos.»

El moderador tiene la responsabilidad de revisar el orden del día para asegurarse de que todos los participantes parten de la misma base. Entre sus funciones está explicar la finalidad de la reunión brevemente y preguntar si alguien quiere añadir algún punto o cambiar algo del orden del día. Si hay nuevos puntos, el grupo decidirá si se modifica el orden del día o se tratan en otra reunión.

El orden del día se debe seguir siempre, a no ser que las circunstancias le obliguen a modificarlo. Su "planificación de la reunión" debe ser lo suficientemente detallada para orientar al moderador, que es la persona encargada de dirigir el debate, distribuir la participación, tomar decisiones (si es necesario) y planificar acciones (si es necesario).

Otra función del moderador consiste en impedir que otras cuestiones distraigan al grupo y decidir si permite ideas divergentes y contribuciones útiles que no estén directamente relacionadas con el orden del día. Si surgen cuestiones que requieran un paréntesis en el orden del día, el moderador debe solicitar permiso al grupo para permitir ese paréntesis.

Es la persona que marca el ritmo adecuado de la reunión y reacciona si algún punto se alarga o acorta demasiado. El contacto visual con el cronometrador es importante, pues tiene que estar listo para, a su señal, tomar a una decisión o cortar un debate y, al final, dar por acabada la reunión.

Tres consejos relacionados con el tiempo:

→ **Deje un reloj a la vista:** coloque un temporizador de cocina en un lugar bien visible, para que todos los participantes lo vean. El moderador puede fijar el tiempo de cada punto del día y dejar que suene para que los participantes tengan presente que el tiempo es valioso y hay que optimizarlo. Un temporizador es un recordatorio muy real del tiempo que transcurre y le facilita la función al cronometrador.

→ **Evite el "efecto de la hora punta":** es el efecto que describió Eli Mina en su libro *The Complete Handbook of Business Meetings*, se basa en querer tratar muchos puntos del orden del día en poco tiempo al final de la reunión. Si el tiempo del orden del día está bien distribuido y el cronometrador hace bien su trabajo, el moderador puede plantear al grupo que escojan los puntos que quieren concluir ahora y los que prefieren dejar para otra reunión. Para el grupo es más importante ser efectivo que eficiente.

→ **No deje que el reloj marque la reunión:** el orden del día no es sagrado: recuerde la frase "Si vale la pena hacerlo, vale la pena hacerlo bien". No permita que nadie utilice el orden del día para saltarse una cuestión o acelerar una decisión. Complete bien cada paso, si no es en esta reunión, será en la siguiente.

12

Informar y debatir

«Para dirigir un debate adecuadamente, el moderador debe iniciar el debate, distribuir la participación, seguir el programa y cerrar el debate. ¡Es muy sencillo... sobre el papel!»

El mejor modo de **empezar cada punto del día** es que el moderador explique los resultados que espera del grupo. A continuación, le pasará la palabra a la primera persona encargada de proporcionar información.

No vuelque mucha información en las reuniones. Es recomendable que los participantes reciban la información por adelantado y la puedan leer antes de la reunión para poder plantear dudas, preguntas, debatir o tomar decisiones.

Tras la exposición, el moderador pregunta si hay información adicional o dudas sobre la información compartida. Las opiniones y sugerencias se tratarán más adelante.

Es posible que algunos puntos del orden del día no generen debate entre los participantes y, en cambio, otros puntos no previstos lo creen. El moderador es responsable de gestionar estas situaciones imprevistas. No intervenga: deje que el grupo y el moderador decidan la mejor solución.

El moderador inicia siempre los debates. Si los participantes tardan en contribuir, puede plantear preguntas abiertas, comentar contribuciones pasadas y realizar preguntas de seguimiento. En todas las contribuciones, el moderador debería preguntar detalles para definir los términos, explicar su posición o proporcionar motivos, hechos o ejemplos. Además, su misión es impedir que la reunión se aparte del orden del día.

Si presta atención al **lenguaje corporal** de los asistentes, en sus rostros podrá ver si alguien se ha perdido o no entiende algo. En este caso, el moderador debe aclarar la cuestión.

El organizador toma nota de los puntos principales en una pizarra o en algún otro soporte a la vista de todos.

Debe resumir las aportaciones a los conceptos clave con las palabras del participante.

Le damos **tres consejos** para animar los debates:

→ **Prepare las preguntas:** si prevé que será difícil empezar el debate, anote algunas preguntas abiertas para que el moderador anime el debate.

→ **Permita debates anónimos:** si los participantes no se atreven a hablar porque la cuestión es delicada, el moderador puede probar con la técnica anónima. Distribuya cartones o tarjetas grandes donde los participantes puedan anotar sus ideas o comentarios. A continuación, recoja todas las tarjetas y mézclelas. Distribuya de nuevo las tarjetas y que cada uno lea una tarjeta en voz alta. Es un buen método para poder generar debate sin suscitar comentarios.

→ **Trabaje en grupo pequeños:** si a los participantes les cuesta hablar en público, el moderador puede forma grupos de dos o tres personas y entregarle una tarjeta grande donde anotar sus ideas o comentarios. En cada grupo pequeño pueden trabajar una cuestión. El moderador recoge las tarjetas y las lee en voz alta, así evita los problemas de expresión en público.

13

Dirigir el tráfico

«Los debates deben ser
civilizados y respetuosos:
exigentes con los temas y
agradables
con las personas.»

—ELI MINA

El moderador es la persona encargada de distribuir la participación entre todos los asistentes, debe impedir que unas personas dominen la reunión y otras no participen.

Los participantes son responsables de contribuir activamente a la reunión. Le sugerimos que adjunte esta guía al orden del día.

Responsabilidades de su trabajo

- Leer el orden del día con atención antes de la reunión.
- Estar preparado para trabajar y lograr los objetivos.
- Participar en la reunión y animar a los demás a que participen.
- Prestar atención a las participaciones de los demás y respetarlas.

El moderador debe promover diferentes puntos de vista y opiniones, y asegurarse de que todos los entienden. El moderador es como el policía que dirige el tráfico: el organizador y él siguen el orden del día con la finalidad de alcanzar un objetivo.

No obstante, debe estar atento a las oportunidades que pudieran surgir. Si se menciona una buena idea o sugerencia que no está relacionada con el debate, el moderador puede indicar al organizador que la anote en una zona diferente de la pizarra para tratarla más adelante, por ejemplo, las ideas que les alejarían del orden del día.

Las aportaciones individuales son el resultado de una experiencia propia, unas capacidades y perspectivas particulares, y la reunión es el trabajo en equipo. El mayor peligro no es el conflicto, sino el pensamiento colectivo, la tendencia de algunas personas a estar de acuerdo con la mayoría sin pensar en su opinión personal. Para eliminar este problema, realce el valor del pensamiento crítico, el desacuerdo y la diversidad de opiniones.

El moderador debe concluir la reunión cuando el encargado del tiempo da la señal o cuando el debate deja de ser productivo. En este punto, el moderador pasa a la siguiente fase.

Le sugerimos **tres modos** de mejorar el debate:

→ **Ahorre tiempo con gestos:** si el debate se alarga, el moderador debe decidir si continúa o no. Una manera rápida de decidirlo es acordar un gesto en concreto con todos los participantes. Por ejemplo, el pulgar hacia arriba significa "estoy listo para finalizar", el pulgar hacia abajo, "todavía tengo dudas" y el pulgar de lado "no tengo preferencias". Si hay algún pulgar hacia abajo, el moderador debe preguntarle las dudas.

→ **Dirija todos los vehículos hacia su aparcamiento:** saque provecho de las aportaciones de cada participante. Algunos comentarios no animarán el debate, pero otros tal vez pueda relacionarlos con el orden del día en algún momento. Su aparcamiento es como un buzón de sugerencias: puede generar grandes oportunidades para los directivos lo suficientemente inteligentes como para sacarles provecho.

→ **Evite el pensamiento colectivo:** anime a los participantes a plantear objeciones y preocupaciones. Cree un entorno adecuado para plantear preguntas y permitir perspectivas alternativas. Divida el grupo en grupos más pequeños para comentar las cuestiones y luego compare los resultados. Pida a los participantes que desarrollen criterios para evaluar las opciones y que luego los pongan en práctica.

14

Trabajar con diferentes estilos

"Facilitador, colaborador,
comunicador y retador.
Estos son (...) los estilos de los
miembros de un equipo (...)
con unas fortalezas únicas.»

—Glenn M. Parker

Cada uno trabaja a su manera. Para mejorar las interacciones, los directores y los moderadores deben entender las reglas básicas de los estilos de los miembros del equipo. En el libro Team Players and Teamwork de Glenn M. Parker se definen cuatro estilos que son esenciales en cualquier equipo:

→ **Facilitador:** proporciona información y concentra al grupo en la tarea que está realizando.

- Positivo: fiable, responsable, organizado, eficiente, lógico, claro, competente, pragmático y sistemático.

- Negativo: compulsivo, preocupado por los hechos, con poca previsión, no creativo y perfeccionista.

→ **Colaborador:** proporciona el sentido de la finalidad, hace que el grupo marque objetivos y realza el propósito final.

- Positivo: cooperativo, flexible, seguro, previsor, conceptual, servicial, generoso, abierto, visionario y imaginativo.

- Negativo: se compromete demasiado, se implica demasiado, es demasiado global, demasiado ambicioso y insensible.

→ **Comunicador:** ayuda a las personas individuales y al grupo a resolver cuestiones del proceso.

- Positivo: comprensivo, alentador, relajado, informal, espontáneo, amable, amigable, paciente, considerado y discreto.

- Negativo: sin objetivo, tonto, poco práctico y manipulador.

→ **Retador:** reta al grupo a cuestionarse los métodos y los objetivos, plantea las preguntas más difíciles y anima al equipo a aceptar riesgos razonables.

- Positivo: sincero, preguntón, extrovertido, directo, ético, honesto, franco, íntegro, audaz y valiente.

- Negativo: rígido, arrogante, impecable, beligerante y tiquismiquis.

Si el moderador identifica estas características en su equipo, podrá aprovechar sus ventajas.

En situaciones problemáticas, el moderador puede recurrir a los participantes cuyo estilo sea más adecuado para resolverlo con naturalidad:

- Si el grupo se distrae en constantes divagaciones, recurra al **colaborador**.

- Si el debate es poco activo y nada original, recurra al **retador**.

- Si las emociones impiden la colaboración, recurra al **comunicador**.

- Si el debate es demasiado abstracto, recurra al **facilitador**.

En la siguiente tabla escriba los nombres de personas que conozca situándolas en uno de los estilos que acabamos de definir. Por supuesto, no necesita centrarse únicamente en las personas relacionadas con su trabajo. El ejercicio pretende que afine su percepción del estilo de persona en relación con el grupo y, por lo tanto, puede escoger todo tipo de personas con las que tenga relación. Incluso aquellas que sólo conozca de la televisión, por ejemplo, personajes de una serie.

COLABORADOR

_____

_____

_____

RETADOR

_____

_____

_____

COMUNICADOR

_____

_____

_____

FACILITADOR

_____

_____

_____

Le damos **tres sugerencias** para trabajar mejor con los diferentes estilos personales:

→ **Pídales ayuda:** si el ritmo de la reunión es demasiado lento (los participantes se aburren o están impacientes) o demasiado rápido (les cuesta seguir el hilo o participar), hágale un gesto al moderador. Si el ritmo es un problema recurrente en sus reuniones, deberá mejorar la asignación del tiempo a cada punto.

→ **Anime la participación con papeles:** pida a los participantes que representen un papel o una actitud (por ejemplo, una persona escéptica, una optimista, una pragmática o una pesimista). Cada uno deberá representar su papel en la reunión.

→ **Dé el turno con una pelota:** si los participantes hablan sin aguardar su turno de palabra, utilice la estrategia de la pelota. El moderador tiene una pelota al inicio del debate y se la pasa a la primera persona que quiera hablar, a continuación, ésta se la pasa al siguiente que pida la palabra. Quien tiene la pelota es la única persona que puede hablar.

15

Tomar una decisión

«Una reunión no es más que
un montón de cuerpos
si no unen sus mentes.»

—Carolyn B. Thompson,
Interviewing Skills for Managers

El objetivo de la mayoría de los puntos del día es tomar una decisión, aunque esta consista en volver a hablar del tema en otro momento.

Si es una decisión del director, es decir, si la tomará usted solo, explíqueles a los participantes qué espera de ellos antes de comenzar el debate. ¿Quiere que exploren varias opciones para que usted las considere? ¿Quiere que hablen de una decisión provisional?

Si delega la decisión en una persona o en un grupo, debería explicar los motivos. ¿Cree que están mejor cualificados para tomar la decisión? ¿Son las personas más afectadas por la decisión?

Si los participantes toman la decisión por votación o por consenso, el moderador debe asegurarse de que todos entiendan su significado. El moderador expone la decisión con frases completas y la explica.

¿Qué sucede si no se toma ninguna decisión? Depende de la situación.

Si se ha analizado bien el problema y el tiempo apremia, usted puede decidir tomar la decisión. Sin embargo, si cree que dedicarle más tiempo mejoraría las habilidades del grupo, puede posponer la decisión.

Una decisión no tiene mucho impacto si no conlleva una acción. El siguiente paso es que el moderador ayude al grupo a decidir la acción necesaria, el enfoque, el periodo de tiempo, la persona o personas responsables de la acción y los resultados específicos que esperan de la misma.

Le damos **tres ideas** más para tomar decisiones:

→ **Garantice el secreto de voto:** votar suele ser más fácil para los participantes si no tienen que levantar las manos. Un voto privado solo requiere uno o dos minutos más. El moderador entrega a cada asistente una tarjeta para que escriban su voto, las recoge y va leyendo en voz alta los resultados mientras el organizador los anota.

→ **Busque información:** si los participantes no llegan a ningún acuerdo y decide concederles más tiempo, el moderador debe indicarles que soliciten más información a otras personas. A veces, estos nuevos datos o perspectivas pueden ahorrar mucho tiempo y esfuerzo.

→ **Asigne las tareas a una persona, no a un grupo:** es mejor asignar una tarea específica a una persona en concreto que una responsabilidad a un equipo. Si es posible, evite "las acciones de comisiones".

16

Cerrar la reunión

«Uno de los principales
problemas de las reuniones es
que se habla mucho y no se
actúa después,
o que hay mucha acción y muy
pocos resultados.»

U
n **buen final** es recomendable para todas las reuniones.

Acabe la reunión puntual aunque esta haya empezado con retraso. Los participantes tienen otras tareas en sus agendas, y trabajo que hacer. Si acaba con puntualidad les mostrará consideración y dará ejemplo a los participantes en el sentido de que hay que trabajar con eficacia.

En el cierre de la reunión, el moderador **resume** los puntos principales, las decisiones, las acciones y las tareas. Los participantes deben saber si han conseguido los objetivos de la reunión, así como cuáles serán sus responsabilidades para la próxima reunión. Este final les proporciona un sentimiento de cierre y realización que favorece su compromiso con la acción.

Todas las tareas asignadas pasarán al orden del día de la siguiente reunión para realizar su seguimiento. El objetivo es comprobar las tareas que se han completado e informar del progreso de las otras tareas. Programe también el calendario del resto de tareas inconclusas.

¿El moderador debe dar la fecha de la siguiente reunión? Es una buena idea que el equipo del proyecto trabaje con objetivos a largo plazo. Por otra parte, acabar una reunión dando la fecha de la siguiente reunión puede desarrollar una rutina de reuniones que no motiven a los asistentes a llevar a cabo sus tareas. Es un hábito que no se convierte en incentivo.

Cada tarea requiere su tiempo. Puede esperar a ver progresos o los resultados para convocar la reunión.

En el cierre, el moderador debe agradecer a todos los asistentes su presencia y el trabajo a los encargados de las funciones que han ayudado al buen desarrollo de la reunión. Es una muestra de educación, tanto para quienes se lo merecen porque se han esforzado como para los que no han participado demasiado. Tal vez la próxima vez participarán más en la reunión.

 Estos **tres consejos** le ayudarán a finalizar mejor las reuniones:

→ **Acabe puntual:** otro motivo para acabar puntual es dar el ejemplo de que planifica bien el tiempo y el trabajo. No alcanzar los objetivos ni trabajar con eficacia y eficiencia es un pésimo ejemplo para sus trabajadores.

→ **Acabe bien, sin prisas:** solo necesita unos minutos para cerrar bien la reunión. La sensación es mucho más placentera que sentirse estresado, frustrado y decepcionado, como se suelen acabar las reuniones largas.

→ **Agradezca la participación de todos:** aunque tenga un moderador que dirija la reunión, agradezca usted en persona a todos los participantes que hayan asistido a la reunión. Después del moderador, expréseles su agradecimiento. También puede agradecérselo en persona después de la reunión. Sea sincero y, si es posible, específico.

$$\frac{17}{}$$

Evaluar

«Evaluar todas las reuniones
es clave para celebrar
reuniones efectivas.»

—Peter R. Scholtes, Brian L. Joiner, y Barbara J. Streibel,
The Team Handbook

Si no evalúa las reuniones, no podrá mejorarlas. Puede evaluar la reunión según los objetivos, los participantes o los problemas.

Le proporcionamos un **método de evaluación sencillo**. El moderador va mencionando varios aspectos de la reunión, uno a uno, por ejemplo, orden del día, ritmo, ambiente, y los participantes dan su opinión con un gesto de la mano, con el pulgar. El moderador pregunta por sus motivos a las personas que hayan movido el **pulgar hacia abajo** y le pide sugerencias a todo el grupo.

Un método más habitual es preguntarle a cada participante su opinión. El moderador puede plantearle preguntas generales y específicas a cada asistente.

Si los comentarios son verbales, el organizador debe anotarlos. Al final, el grupo debe ponerse de acuerdo en mejorar un aspecto en la siguiente reunión.

Si prefiere las evaluaciones por escrito, distribuya folios a los asistentes y pídales que respondan sí o no a cada enunciado y los valoren de uno a cinco. Algunos enunciados pueden verse en el siguiente ejemplo.

EVALUACIÓN DE LA REUNIÓN	SÍ	NO
He tenido suficiente tiempo para preparar la reunión.		
El orden del día estaba bien organizado y era específico.		

Conocía los objetivos de la reunión.		
Me he sentido bien participando.		
Los participantes se han respetado.		
El moderador ha planteado bien las preguntas.		
El ritmo ha sido adecuado.		

Las preguntas abiertas requieren más tiempo y energía de los participantes, pero suelen proporcionar más información. Puede pedirle al moderador que distribuya tarjetones para que los asistentes respondan a estas tres preguntas sobre la reunión:

- ¿Qué es lo que más le ha gustado?
- ¿Qué es lo que menos le ha gustado?
- ¿Cómo se podría mejorar?

Estos ejemplos son generales, pero también puede plantear preguntas más concretas. Si se acaba el tiempo asignado a la reunión antes de poder realizar la evaluación, envíe por correo electrónico las preguntas de evaluación inmediatamente después de la reunión y concrete una fecha límite de entrega.

Haga una lista propia de las preguntas que cree que sería conveniente plantear al final de una reunión, en función del campo específico de su actividad.

PREGUNTAS

Le proporcionamos **tres sugerencias** para una evaluación más efectiva:

→ **Evalúe las funciones de los colaboradores:** el moderador, el organizador y el cronometrador son responsables del funcionamiento de la reunión. Inclúyalos en las evaluaciones, al menos las primeras veces, para que todos los miembros del grupo comprendan las obligaciones y las dificultades de cada función.

→ **Pregunte:** ante la duda, pregunte a los participantes: ¿Qué prefiere, una evaluación oral o escrita? y ¿Qué tipo de pregunta prefiere, generales o específicas?

→ **Cierre bien:** agradézcales a los participantes su trabajo para mejorar las reuniones. Con su evaluación ayudan a que sean más efectivas. Expréseles sinceramente su agradecimiento.

18

Redactar el acta

"Una reunión es un
acontecimiento en el que
se redactan actas y se
pierden horas."

Anónimo

El **acta de una reunión** es el documento que refleja todo lo que ha sucedido en cada reunión y las acciones previstas.

Las actas son básicamente listas de información. Contienen los puntos del orden del día, las decisiones, las acciones previstas, los resultados previstos, el calendario y las personas responsables de cada acción. Un guión típico es:

1. Fecha, hora y lugar de la reunión.

2. Asistentes.

3. Personas convocadas que no se han presentado.

4. Moderador, organizador, cronometrador y secretario.

5. Orden del día y en cada punto:
   - Cuestión principal y resultados (decisiones y acciones.)
   - Personas responsables de las acciones, calendario.
   - Resultados previstos.

6. Asuntos pendientes para otras reuniones.

7. Evaluación.

8. Informes (adjuntos).

Decida el guión del acta lo antes posible para que el secretario siga siempre el mismo patrón.

Las actas deben distribuirse lo antes posible. La fecha final refleja la importancia de las reuniones y de las tareas.

El trabajo es fácil porque el secretario ya ha tomado nota de los puntos principales durante la reunión. Cuando acaba la reunión, el acta está prácticamente redactada. Solo falta repasarla, buscar información complementaria, imprimirla y distribuirla.

Proporciónele una lista de las personas que deben recibir el acta.

Si el secretario redacta el acta directamente en el ordenador, podrá enviarla por correo electrónico o por intranet. Si el acta y los otros materiales se pueden distribuir por medios electrónicos, eso acelerará el proceso.

Tres consejos sobre las actas:

→ **Compruebe siempre el acta o lo lamentará:** las actas son importantes. La información imprecisa o incompleta puede ser peligrosa. Es una buena idea revisar el acta antes de que el secretario la distribuya. No implica una falta de confianza en el secretario, sino el reconocimiento de que las actas son importantes, unos pocos minutos le evitarán problemas más adelante.

→ **Envíe las actas:** distribuya las actas a todos los asistentes a la reunión, evidentemente, y a otras partes interesadas. Es adecuado enviarla a las mismas personas que recibieron el orden del día, a los superiores de los participantes a quienes se les han encargado tareas (porque éstas requerirán que dediquen parte del tiempo y el esfuerzo de su trabajo), a los superiores de todos los participantes y a los directores u otros trabajadores que estén implicados en las tareas.

→ **Apruébela o no:** no siempre es necesario aprobar las actas formalmente en la siguiente reunión. Si los participantes están de acuerdo en aprobar las actas al principio de cada reunión, anímeles a revisarlas cuando las reciban y plantear las modificaciones que crean necesarias.

19

Trabajar y mejorar

«Los asistentes a la reunión
tiene que seguir colaborando
después de que ésta haya
acabado.»

Después de una reunión, el trabajo continúa. Cada participante tiene que llevar a cabo la tarea a la que se ha comprometido. Ayúdeles y cree un ambiente de colaboración entre los participantes, que unos se ayuden a otros.

Una forma de ayudar es comunicando a todas las personas los resultados y avances de la reunión, las decisiones, las acciones y los logros a medida que se van alcanzando. Si mantiene a todos informados, no se olvidarán de su responsabilidad. Cuando los planes de acción logren resultados, redacte un informe final, detalle los nombres de las personas responsables y agradézcales su trabajo.

La última tarea de una reunión es para usted: **mejorar las reuniones futuras**. Es importante mejorar el rendimiento de todos los procesos de trabajo.

A partir de los comentarios y sugerencias de las evaluaciones, forme un grupo de trabajo para generar ideas que mejoren el rendimiento de las reuniones. Desarrolle una evaluación especial para centrarse en algunos puntos y obtener recomendaciones para la siguiente reunión.

¿El orden del día estaba bien preparado o ha planteado problemas? En el segundo caso, solicite a los miembros del grupo que impriman los últimos órdenes del día y anoten los comentarios sobre cada punto. Implíquelos en la redacción de los siguientes órdenes del día.

Si en las reuniones se han producido problemas de comportamiento, hable directamente con las personas implicadas. Explíquele que las normas del grupo velan de manera muy especial por el respeto a todas las personas y opiniones, que las normas del grupo deben cumplirse para beneficio de la reunión y que si tiene alguna diferencia, debe expresarla de manera civilizada.

Si las funciones asignadas a algunos miembros (moderador, organizador, cronometrador y secretario) no se desarrollan de manera satisfactoria, le damos **tres sugerencias**:

→ **Dedíqueles una sesión formativa:** reúna a las personas que ha designado para realizar estas funciones y explíqueles las responsabilidades de cada función. Responda a sus preguntas y practique con algunas representaciones de roles. En estos pequeños ejercicios, usted puede interpretar a personas que causan problemas para que el moderador, el organizador, el cronometrador y el secretario practiquen sus reacciones a estos comportamientos. Es una técnica que también ayuda a desarrollar la coordinación de los equipos.

→ **Prepáreles individualmente:** trabaje de manera individual con las personas a quienes asigna estas tareas importantes para el buen desarrollo de la reunión. Repasen el orden del día juntos y comenten las posibilidades de problemas que pueden surgir. Recuérdele la importancia de que los cuatro encargados trabajen como un equipo.

→ **Ayude con gestos o señales:** durante la reunión, ayude al moderador (y a las otras tres personas, si es necesario) con su lenguaje corporal y gestos habituales de la comunicación. Por ejemplo, un movimiento afirmativo con la cabeza indicará que está todo bien y un movimiento de negación, que algo no es aceptable. Pueden acordar algunas señales para aumentar o reducir el ritmo de la reunión, hacer una pausa para dar una aclaración o plantear o responder a las preguntas.

20

Identificar las causas

«Las técnicas y las herramientas
pueden ser o bien muy útiles o
bien una pérdida de tiempo y
esfuerzo.
Depende de la adecuación de la
herramienta a su necesidad y
de su modo de utilizarla.»

Si el objetivo de la reunión es solucionar un problema, puede utilizar dos técnicas eficaces para identificar las causas del problema: el análisis repetitivo de los motivos y el análisis causa y efecto.

El análisis repetitivo de los motivos es sencillo, se basa en preguntar "¿por qué?" constantemente: pregúntele "¿por qué?" al problema, cuando tenga la respuesta, pregunte "¿por qué?", y vuelva a preguntarle "¿por qué?" a esta respuesta, y así sucesivamente hasta que encuentre la causa original del problema.

Le damos unos ejemplos:

"¿Por qué envío el informe tarde?"

"Porque tuve un problema informático."

"¿Por qué tuvo un problema informático?"

"Porque no encontré el manual."

"¿Por qué no encontró el manual?"

"Porque puede estar en cualquier sitio de la oficina."

"¿Por qué puede estar en cualquier sitio de la oficina?"

"Porque no existe una ubicación concreta para guardar los manuales."

Una versión de esta técnica es la de los cinco porqués, que busca motivos en cinco niveles.

El **análisis de causa y efecto** es más adecuado para problemas con causas interrelacionadas porque estructura las relaciones lógicas.

Para realizar este análisis, primero escriba de forma concisa el problema y dibuje una línea horizontal. Escriba a la derecha el problema (efecto) y a la izquierda la causa principal (directa). A ambos lados de la causa principal, dibuje líneas horizontales con el nombre de las causas de ésta. (El resultado parecerá la espina de un pez o una espiga). Este esquema se conoce como **Ishikawa**, que es el nombre de la persona que lo creó. Todas las espinas son causas posibles de la causa principal, líneas diagonales que van a la línea horizontal principal. Dibuje también una línea horizontal para cada causa que origine otra causa.

He aquí **tres sugerencias** para utilizar estas técnicas:

→ **Cree un entorno agradable:** elegir las técnicas y las herramientas adecuadas no es suficiente para alcanzar sus objetivos. También necesita crear una situación agradable. Los participantes deben sentirse cómodos con las actividades y con los demás participantes. El moderador debe empezar explicando las reglas básicas. Es muy importante, sobre todo en las actividades que requieren creatividad o pensamiento crítico, que los participantes se sientan libres de expresar sus opiniones y dar sugerencias.

→ **Comprenda las técnicas:** aprenda estas técnicas y su funcionamiento. En función de la situación y de los objetivos, podrá elegir las técnicas y herramientas más adecuadas. Póngalas en práctica, no tenga miedo de utilizarlas.

→ **Estimule y ayude a proponer ideas:** para identificar las causas, puede utilizar esquemas organizativos como las cuatro emes (métodos, materiales, máquina y mano de obra), las cuatro pes (planta, procedimientos, personas y políticas) o las cuatro eses (situación, suministradores, sistemas y suficiencias).

21

Generar muchas ideas

"Es más fácil aplacar una
idea extravagante
que tener una idea original."

—*Alex F. Osborn*

Para generar ideas dispone de dos técnicas muy útiles: la **tormenta de ideas** y los **mapas mentales.**

La **tormenta de ideas** fomenta la creatividad al separarla del análisis. Su objetivo es generar muchas ideas.

El moderador plantea el tema y da un ejemplo. Los participantes piensan en el tema durante unos minutos y el moderador les invita a proponer ideas.

De uno en uno, cada participante propone una idea en el orden en que están sentados. Si alguien no propone ninguna idea, pasa el turno al siguiente. Cuando finalice la ronda, acaba la sesión. Una variante consiste en que cada uno vaya proponiendo su idea de forma espontánea hasta que se agoten las ideas.

Los principios que debe explicar el moderador son:

- Cualquiera puede proponer ideas.

- Todas las ideas deben respetarse.

- No se puede responder a las ideas.

- No se puede interrumpir.

- Sí se puede mejorar las ideas.

- Todas las ideas deben estar relacionadas con el tema.

Después de la tormenta de ideas, proponga una pausa para que los participantes se recuperen y se preparen para el pensamiento analítico.

Los **mapas mentales** ayudan al grupo a obtener ideas más complejas de forma rápida, fácil y visual. Muestran una imagen de varios conceptos y de las relaciones entre ellos.

Elija una idea central o un concepto como punto de partida. El organizador lo escribe en el centro de la pizarra. Dé un tiempo para pensar sobre este tema, entre cinco y siete minutos.

Los participantes pueden proponer libremente ideas relacionadas con este tema respetando a los demás. El organizador va anotando los conceptos en la pizarra y dibuja las líneas desde el concepto central a las ideas. Las ideas se expresan con una o dos palabras, abreviaturas o dibujos, la opción más adecuada. Si una idea está relacionada con otra idea, y no con el concepto central, el organizador dibuja ramificaciones en

las ideas, para que éstas puedan empezar a generar más ideas. Si una zona del mapa se llena de conceptos en detrimento de otras zonas, será preciso empezar un nuevo mapa dedicado concretamente a esta zona.

El mapa mental es una herramienta que explora los conceptos para analizarlos después.

Practique con los mapas mentales. Elija un concepto central y dibuje las ramificaciones que le sugiere.

Le damos **tres sugerencias** para mejorar las tormenta de ideas:

→ **Empiece en silencio:** si los miembros del grupo no son muy dados a expresarse en voz alta, pruebe la tormenta de ideas "silenciosa". Los participantes escriben primero las ideas en una tarjeta durante cinco minutos y luego las comparten en voz alta. De este modo, la transición a la tormenta de ideas oral es espontánea.

→ **Facilite el trabajo al organizador:** si los participantes colocan la tarjeta que han redactado en la pizarra, facilitarán el trabajo al organizador, y luego se podrá trabajar mejor un diagrama de afinidad.

→ **Utilice tarjetas:** las tormentas de ideas solo funcionan si todos los participantes pueden expresar libremente sus ideas. Utilice unas tarjetas rojas o tarjetas con la palabra "Stop" para que los mismos participantes las muestren en el momento en que alguien haga un comentario a una propuesta.

22

Evaluar las opciones

«Tal vez el aspecto más importante y olvidado de mejorar las interacciones sea convocar a las reuniones a personas con perspectivas diferentes, experiencias variadas y múltiples estilos.»

Cuando tenga ya muchas ideas, el siguiente paso es organizarlas, analizarlas y evaluarlas.

El **diagrama de afinidad** es la técnica más recomendada para organizar ideas, conceptos o problemas. Los participantes colocan una nota en cada cuadro en una pizarra, pared, corcho o mesa y las disponen en grupos lógicos hasta que lleguen a un consenso. Si un elemento puede pertenecer a varios grupos, escríbalo en varias notas para poderlo colocar en todos los grupos correspondientes.

El moderador lee en voz alta todos los elementos de un grupo y le pide a los participantes que propongan un nombre (breve, entre tres y cinco palabras). Los participantes pueden decidir combinar varios grupos o dividir un grupo grande en otros más pequeños. Cuando ya estén todos etiquetados, empieza el debate sobre los grupos y las relaciones entre ellos.

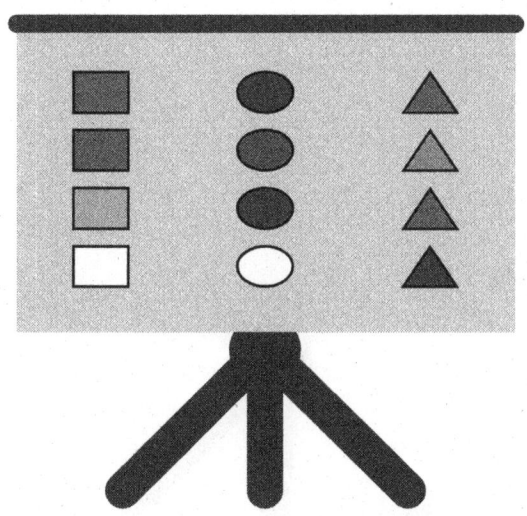

El **análisis más, menos e interesante** es una herramienta sencilla para sopesar los pros y los contras de las acciones y sus alternativas.

El organizador prepara tres columnas en la pizarra. Una son las **ventajas** (+); otra, las **desventajas** (-), y la tercera muestra las **cuestiones interesantes**. Los participantes empiezan a proponer motivos para cada columna relacionados con una acción o alternativa.

Es un análisis visual que muestra claramente si hay más signos positivos o negativos. Además, el grupo debe puntuar su importancia. Los participantes deben asignar una puntuación a la importancia de cada punto positive o negativos, así como los puntos de la columna "Interesante". Si los participantes no llegan a ninguna conclusión, es fácil comparar las puntuaciones de cada columna para tomar una decisión.

La **matriz de esfuerzo e impacto** es una gráfica simplificada de costes y beneficios. Puede utilizarla siempre que los criterios principales sean el esfuerzo (tiempo, dinero y dificultad) de la acción y el impacto (eficacia) que se espera, y si solo tiene que considerar pocas opciones.

En primer lugar, el grupo decide si es más importante el esfuerzo o el impacto. El organizador dibuja una línea horizontal que representará el impacto y una línea perpendicular que representará el esfuerzo. El grupo sitúa puntos en las intersecciones de ambas variables para analizar el gráfico en cuatro cuadrantes: poco esfuerzo y gran impacto; mucho esfuerzo y gran impacto; poco esfuerzo y poco impacto; mucho esfuerzo y poco impacto.

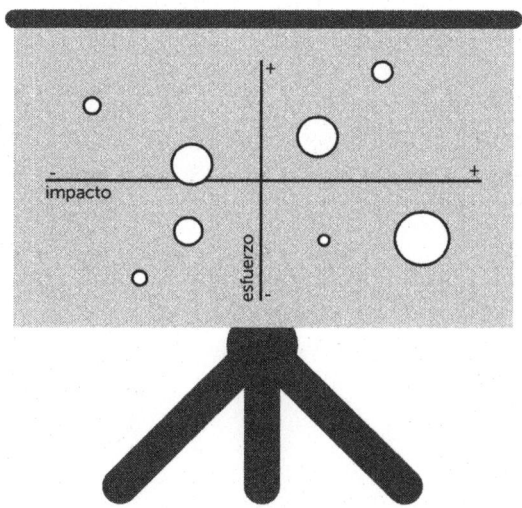

Le proponemos **tres técnicas** para evaluar las ideas que genera el grupo:

→ **Organice las ideas:** utilice un diagrama de afinidades para descubrir los conceptos principales y los problemas.

→ **Analice las alternativas:** utilice la técnica de más, menos e importante para reflejar visualmente los pros y los contras.

→ **Evalúe las opciones:** utilice una matriz de esfuerzo e impacto para representar múltiples factores en un gráfico.

23

Decidir y planificar

«Como dice la frase 'Si naciste
para martillo, del cielo te caen
los clavos', si usted utiliza solo
una técnica, es muy probable
que a veces la utilice de manera
errónea.»

Tomar una decisión que todos los participantes acepten y respalden puede ser difícil.

Una **tabla** es especialmente efectiva si baraja múltiples opciones y criterios. El organizador prepara una tabla con una fila para cada opción y una columna para cada criterio. Los participantes valoran numéricamente la importancia de los criterios y el organizador lo anota junto a cada columna.

A continuación, los participantes puntúan las opciones según cada criterio de **0** (pésimo) a **3** (muy bueno) y el organizador lo anota en cada cuadro.

Con estas puntuaciones, el organizador puede multiplicar los valores de cada criterio por cada opción y escribirlo en los cuadros para sumar el total al final de la fila.

La votación múltiple está indicada para casos en los que es difícil valorar las opciones por criterios.

El organizador muestra todas las opciones y el moderador asigna un número de votos a cada participante. El moderador lee una opción, los asistentes votan a mano alzada y el organizador anota el número de votos. Las opciones se clasifican por los votos obtenidos. Después de una primera ronda, se pueden eliminar las opciones con menos votos y volver a votar.

La **técnica de grupo nominal** sirve para generar ideas o soluciones y priorizarlas.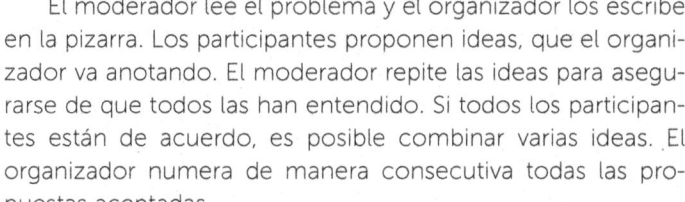

El moderador lee el problema y el organizador los escribe en la pizarra. Los participantes proponen ideas, que el organizador va anotando. El moderador repite las ideas para asegurarse de que todos las han entendido. Si todos los participantes están de acuerdo, es posible combinar varias ideas. El organizador numera de manera consecutiva todas las propuestas aceptadas.

El moderador reparte cinco tarjetas, en cada una los participantes anotan las cinco mejores propuestas, una en cada tarjeta y la puntúan. Deben escribir en la esquina inferior izquierda un número del 1 al 5, siendo 1 la peor calificación y 5, la mejor.

El moderador recoge las tarjetas y lee las puntuaciones, que el organizador anota en la pizarra. El moderador suma todas las puntuaciones y el organizador escribe el total para cada propuesta.

 Tres sugerencias para escoger entre varias opciones:

→ **No permita que los números decidan:** una tabla no es más que un análisis. Comente con todo el grupo la opción elegida para asegurarse de que es la mejor opción.

→ **Adáptese a la situación:** para realizar múltiples votaciones, los votos asignados suelen ser una tercera parte del número de opciones. Si quiere obtener resultados más rápidamente, asigne menos votos o si el debate es reñido, asigne más votos.

→ **Utilice la técnica nominal:** la técnica de grupo nominal puede mejorar los debates. Iguala a participación de todos los asistentes, anima a la participación de los individuos más pasivos y acelera el proceso de alcanzar un acuerdo.

24

Reunirse virtualmente

«Esté preparado para que las posibilidades le abrumen y recuerde que la tecnología no le garantizará mejores reuniones, ni siquiera como las actuales.»

Nuestra definición de reunión es un evento formado por personas, contenido y procedimiento para lograr un objetivo. La tecnología amplía este concepto de reunión y cambia el modo en que las personas nos comunicamos y colaboramos. Es posible celebrar reuniones con personas que no están físicamente cerca, ni siquiera en el mismo continente. Con estas nuevas posibilidades, podemos concebir las reuniones de forma diferente.

No nos dedicaremos a hablar de las nuevas posibilidades de la tecnología, nos centraremos en qué significa para usted concretando estos tres factores:

- ¿Qué ventajas le supone?
- ¿Qué pierde a cambio de esta libertad?
- ¿Cómo puede compensar estas pérdidas?

Gracias a la tecnología es posible hablar con personas en diferentes zonas geográficas y con diferentes zonas horarias, como trabajadores de otros países. La tecnología ahorra tiempo y reduce gastos, por lo tanto, aumenta la productividad.

Las reuniones virtuales requieren un objetivo bien definido, porque es importante ceñirse al orden del día y mantener la disciplina. También reducen la oportunidad de socializar. Los participantes son más objetivos porque no les afecta tanto la presencia de los demás, como podría suceder en una reunión presencial.

El inconveniente más obvio de una reunión virtual es que la dinámica de grupo e individual es diferente. Las reuniones virtuales pueden ser efectivas para grupos pequeños, pero si hay muchos participantes, las reuniones se complican, sobre todo las técnicas de interacción.

Le damos **tres recomendaciones** para utilizar la tecnología en las reuniones virtuales o no:

→ **Centre la atención en el objetivo, las personas y los procesos:** cuando valore las opciones para celebrar una reunión virtual o no celebrarla, piense lo mismo que si fuera una reunión presencial. Decida los objetivos, las personas necesarias y elegir el mejor modo en que las personas pueden lograr estos objetivos.

→ **Haga números:** en una encuesta, directivos con experiencia declararon que solo el 56% de las reuniones son productivas, y que un 25% de las reuniones podrían haberse reemplazado por llamadas telefónicas, circulares y correos electrónico. Calcule los porcentajes en su empresa y en su departamento, y piense si podría utilizar la tecnología para mejorar la efectividad y eficiencia de sus reuniones.

→ **Piense en los requisitos básicos:** aunque para los técnicos los requisitos se refieran a las aplicaciones o los sistemas, para usted los requisitos más importantes son los psicológicos, emocionales y sociales de sus trabajadores. ¿Qué necesitan si utiliza la tecnología para celebrar reuniones virtuales? No encontrará la respuesta en internet ni en ningún libro. La cultura de su empresa y su conocimiento de los trabajadores le mostrará la respuesta.

EVALÚESE

«A veces es imposible prepararse adecuadamente pero no permita que a una reunión improductiva le siga otra reunión improductiva. Después de una mala reunión suele venir una reunión peor. Los asistentes desarrollan una actitud fatalista ante las reuniones que es muy difícil eliminar. Del mismo modo que las malas reuniones llevan a reuniones peores, también sucede al revés, que las buenas reuniones llevan a reuniones mejores. Y las buenas reuniones empiezan mucho antes, con una buena preparación.»

ENUMERE LAS VENTAJAS DE UNA REUNIÓN EFECTIVA (P.15)

EXPLIQUE LOS RESULTADOS QUE HARÁN QUE LA REUNIÓN SEA UN ÉXITO? (P.23)

LOS CUATRO TIPOS DE DECISIONES (P. 27)

LAS CUATRO FUNCIONES PRINCIPALES DE UNA REUNIÓN (P. 45)

Sobre la autora

Barbara J. Streibel es asesora y directora de desarrollo de capital intelectual en Oriel, Inc., donde ha creado múltiples programas de formación de dirección ampliamente reconocidos.